Essere felice

GIUSEPPE CICCIA

Essere felice

1ª Edizione, giugno 2015

Siamo fatti per essere felici

La felicità è uno stato d'animo sempre in movimento, a qualunque età della nostra vita, cresce e invecchia proprio come noi. La felicità che prova un bambino quando afferra un giocattolo è diversa da quella che prova un anziano mentre cerca tra i suoi ricordi e trova una foto della sua gioventù. L'entusiasmo e la gioia che proviamo da giovani son diversi da ciò che proviamo in età matura; la sola felicità non è l'unica che ci accompagna nel corso della nostra esistenza; esistono altri momenti belli della vita che hanno lo stesso sapore.

Tutti invochiamo la felicità, la desideriamo come il più grande dei sentimenti ma ahimè spesso ci sfugge...

Nel cammino tra la nascita e la morte, tutti cerchiamo la felicità. Essa nasce con il primo attimo di vita e si spegne con l'ultimo. Chiunque ama la vita e cerca la felicità per sé e per gli altri, non si accontenta di proposte che legano la felicità al possesso, alla conquista, al potere, al solo piacere, all'egoismo personale o di gruppo. Come credenti hanno una convinzione irrinunciabile che viene dall'esperienza cristiana. Cerchiamo la felicità come l'essenza più profonda della nostra vita.

Nella vita si presentano tanti momenti per essere felice, come la nascita di un figlio, un compleanno da festeggiare con la famiglia, una bella giornata al mare, la vittoria della squadra del cuore, una passeggiata con gli amici, ecc.

La vita è bella, nonostante le prove che possono nascere nel corso della vita, perché esistiamo e sperimentiamo l'amore! Siamo stati creati per la vita e per la felicità.

Come le acque dei fiumi confluiscono al mare, anche noi convergiamo alla ricerca della felicità.

La felicità è un'esigenza fisica così come il creato ha bisogno del sole. Il mondo è come uno specchio in cui noi uomini ci riflettiamo: se sorridiamo, il mondo ci sorride; se siamo tristi, il mondo ci risponderà con tristezza. La strada della felicità non parte dagli altri, ma parte da noi stessi.

La felicità è anche contemplazione di tutto ciò che ci circonda, così come gli astronauti ammirano la terra, dall'alto delle loro navicelle spaziali, avvolta in uno stupendo manto azzurro.

La felicità si compone d'infinite sfaccettature: per alcune persone può consistere negli affetti familiari, nel ricercare la loro stima, il loro amore, nel sentirsi parte di un gruppo; altri la ricercano nella realizzazione professionale, nel denaro e nella popolarità; altri ancora nella fede in Dio, altri nel donare gioia a chi ne ha bisogno.

La felicità è imprevedibile; possiamo essere felici per un periodo molto lungo oppure possiamo essere felici anche per un solo istante. Il raggiungimento della felicità individuale è probabilmente l'obiettivo principale dell'uomo, all'interno della società occidentale. Saggi e filosofi s'interrogano da secoli sui modi in cui la felicità possa essere raggiunta. Eppure, esiste ormai, nella nostra società, un radicato obbligo sociale alla felicità. I media e le agenzie educative ci vogliono felici, ci prescrivono la felicità, ce la ordinano. E la felicità, inseguita ovunque, sempre più ci sfugge, come un amore troppo desiderato.

C he significa essere felice?
Si può essere felici anche nelle azioni più semplici della quotidianità: una cortesia fatta a una persona anziana che deve attraversare la strada, cedergli il posto in autobus, sorridere a una persona che si incontra anche se non si conosce. A questo proposito ricordo che da ragazzo la passione principale era quella di andare al cinema. La domenica era un appuntamento fisso. I film preferiti erano ovviamente quelli d'azione, di guerra e d'avventura, cioè quelli che procuravano maggior movimento e

competizione. Dopo aver visto il film, ci prendeva un desiderio irrefrenabile: quello di imitare le gesta dei nostri eroi. Durante la settimana, non mancavamo di costruirci le nostre spade di legno, gli archi, le frecce e le fionde, per imitare al meglio le gesta del nostro eroe preferito visto al cinema quella domenica. Questi erano i nostri giochi preferiti, cioè quelli che, per la nostra giovane età, ci entusiasmavano e rendevano più felici.

Come dimenticare tutte le volte che siamo andati in campagna a caccia di lucertole. Era per noi il massimo divertimento, e diventava ancora più piacevole tutte le volte che catturavamo "una preda". Non mancavano le sfide tra noi: chi ne colpiva di più, ovviamente era il più bravo. Certo, bisognava avere un'ottima mira e molta fortuna, oltre ad avere un'arma efficiente e infallibile (la fionda). Questo era uno dei passatempi preferiti, e tante volte rientravamo tardi a casa senza renderci conto del tempo trascorso e della preoccupazione delle nostre madri ansiose che ci aspettavano a casa. Oltre a questa esperienza, non mancavamo di essere anche degli ottimi cacciatori di uccelli con le nostre gabbie di legno costruite da noi con tanta professionalità e maestria.

La domenica, dopo la Messa, eravamo ansiosi di scendere in campo per fare la nostra partita di calcio valevole per il campionato tra le parrocchie dei paesi vicini. La nostra era "febbre da calcio", perché ci permetteva di sfogare tutto il nostro impeto giovanile. Quando ci cambiavamo negli spogliatoi, eravamo molto orgogliosi di vestire la maglietta che avevamo indossato le domeniche precedenti, capivamo che il nostro allenatore aveva fiducia in noi e si aspettava una grande prestazione. Ovviamente il nostro impegno era al massimo, anche se a fine partita uscivamo dal campo con le ginocchia sbucciate e impregnate di sangue, perché il campo era in terra battuta e non potevamo permetterci il lusso di avere l'erbetta come i veri campi da calcio. Che importa, ci piaceva anche così, questa era la nostra felicità!

Col passare degli anni, il desiderio di essere felici aumenta. Ci stiamo avvicinando ai vent'anni, e la consapevolezza di spaccare il mondo e sentirci più forti ci dà più coraggio tanto da non avere paura di niente e di nessuno. Godere di un pomeriggio libero da impegni, passeggiare lentamente per le strade della città, guardandola con occhi nuovi, assaporare una giornata di sole, apprezzare la bellezza della natura, parlare a un amico, ammirare il sorriso di una ragazza o di un bambino, degustare un cibo o un vino preparati con cura, imparare cose nuove, leggere le pagine di un libro o ascoltare della buona musica, costituiscono, a mio avviso, piaceri degni di vera felicità.

Il nostro pensiero corre velocemente alla ricerca delle cose che ci danno maggior felicità ed entusiasmo in questa fase della nostra vita; la nostra mente ci dice che è giunto il momento di innamorarci e perciò di avere una compagna al nostro fianco. Anche ad Adamo, per essere felice e non restare solo, il Signore diede Eva come compagna.

Avere una compagna, a quest'età, è il massimo raggiungimento dell'amore e della felicità, è un regalo della natura; tutto quello che facciamo, lo condividiamo assieme e soprattutto ci piace farlo affinché la felicità sia piena. Come non ricordare le gite insieme alla propria ragazza in moto, in bicicletta o in auto, con la libertà e la spensieratezza propria della gioventù, il raccontarci ogni cosa, il piacere e la gioia di sorridere. Questi momenti carichi di felicità sono inesprimibili, pieni di gioia fino all'inverosimile e con un forte gusto piacevole della vita. A quest'età, essere felici è poter raggiungere il massimo dalla vita, soprattutto se fatto in modo consapevole e responsabile.

Superati i primi due decenni, ecco che la nostra vita si apre alla conquista di un altro modo di essere felici: questa è l'età in cui si può ancora sognare, quello di realizzare concretamente i propri sogni e trasformarli in realtà. Siamo diventati adulti e il corso della vita ci impone di pensare al nostro futuro con responsabilità e determinazione.

Chi di noi, almeno una volta non ha seguito la traiettoria di una stella cadente e non ha espresso un desiderio? Ecco, il solo pensiero di esprimere un desiderio, è l'anticamera della felicità, se poi si avvera, diventa totale. Che tipo di desiderio si può esprimere per essere felici a quest'età? La vera felicità, credo, si raggiunga creando le basi per il proprio futuro, quale quello di crearsi una famiglia, avere dei figli, desiderare ogni bene per sé e per loro, e fare in modo che si viva sempre nell'amore reciproco anche quando la vita ci riserva delle sorprese spiacevoli e ci trova impreparati ad affrontarle. A trent'anni la felicità è un progetto. A questo proposito ricordo un episodio vissuto a quest'età.

Era d'estate. Ero in vacanza sulle Alpi con mia moglie e i miei figli.
Durante il soggiorno in albergo, abbiamo conosciuto una coppia molto simpatica di Torino, anche loro in vacanza. La sera, quando rientravamo in albergo dopo una giornata di escursioni, ci trovavamo a cenare insieme. Parlavamo di tante cose e ci raccontavamo come avevamo trascorso la giornata e i luoghi che avevamo visitato. Un giorno a tavola,

descrivendo le bellissime località visitate, decidemmo di uscire insieme il giorno dopo per visitare un rifugio del monte Bianco, il Grandes Jorasses. Il pensiero di questa escursione "coraggiosa" in montagna, ci facevano venire i brividi, anche perché noi, nativi della Sardegna, conoscevamo solo il mare. Pensavamo che andando insieme ci saremo fatti coraggio a vicenda e di conseguenza avremo avuto meno paura ad affrontare la salita con la funivia.

La mattina seguente era una splendida giornata; il sole faceva brillare i molteplici colori che si riflettevano nella meravigliosa vallata che si presentava ai nostri occhi. Quella mattina abbiamo fatto colazione insieme, e poco dopo siamo partiti, diretti alla stazione di partenza della funivia. Al momento della partenza ci siamo fatti il segno della croce e siamo saliti verso la prima fermata. Tutto il percorso comprendeva cinque stazioni fino al capolinea che si trovava a quota 3570 mt.!

Non ci sono parole per descrivere lo spettacolo stupendo che avevamo di fronte agli occhi. Tutto il panorama visibile dall'alto è un'immensa opera d'arte che madre natura ci ha regalato. All'interno della cabina eravamo sedici persone, la massima capienza. C'era chi andava su e giù per lavoro, chi andava a sciare e chi, come noi, per ammirare il paesaggio. All'infuori di noi, le persone parlavano tra di loro con molta tranquillità, come se stessero viaggiando su un metrò o in autobus; solo noi dimostravamo di avere tanta paura. Finalmente arrivammo a destinazione!

Usciti dalla cabina, di fronte a noi si spalancava uno scenario bellissimo. Attraverso una piattaforma di legno siamo arrivati a un grande spiazzo, dove c'erano dei negozietti caratteristici di souvenir, un bar e un ristorante. C'era tanta gente seduta sugli sdrai di legno che prendeva beatamente il sole. Il tempo era splendido, c'era tanta neve, e tanta gente che sciava. Per fortuna, prima di partire avevamo preso delle giacche a vento per ripararci dal freddo, nonostante fossimo ad Agosto.

In quel momento la nostra paura si era trasformata in stupore e meraviglia; le montagne circostanti innevate e puntate al cielo circondavano il maestoso e sublime Monte Bianco! Ricordo che avevamo scattato tante foto lassù e ogni scatto era accompagnato da un grido di stupore. I nostri volti esprimevano tanta gioia, i ragazzi e mia moglie erano felicissimi. In questo rifugio siamo rimasti un paio d'ore e dopo una breve pausa al bar-ristoro e visitato i negozietti di souvenir, decidemmo, con un pizzico di rimpianto, di abbandonare quel posto incantevole.

Il ritorno è stato più bello, la paura di prima era scomparsa e le persone che erano con noi in funivia dimostravano di essere allegre e spensierate. Ogni volta che la cabina si avvicinava alla fermata, tutti assieme intonavamo un "ooooooh", allora ci sentivamo più coraggiosi e meno pallidi in viso.

I sentimenti provati in questa giornata, ci hanno dilatato il cuore: la paura dell'andata, l'allegria del ritorno, la contentezza dei nostri volti, e l'amicizia con questa coppia di giovani, sono stati il più bel regalo che il Signore ci aveva fatto! Questo episodio, insieme con tanti altri, è ben conservato nella mia memoria.

All'età di quarant'anni, la felicità è qualcosa che resta. Qui sta gran parte della nostra felicità, quando abbiamo qualcuno da amare e da cui essere amati; tutta la poesia del focolare domestico scaturisce da questo generoso scambio d'amore.

Un episodio d'intimità familiare vissuto a quest'età, è stato durante una vacanza d'estate trascorsa con la mia famiglia in Corsica.

Sbarcati a Bonifacio, chiediamo qualche informazione al porto. Avevamo sentito parlare di un delizioso paesino di montagna con pochi abitanti, a duemila metri d'altezza, pieno di cascate, foreste e fiumi da lasciare stupiti chiunque. Le informazioni avute dall'agenzia di viaggio, lo descrivevano come un paese dove le escursioni e gli scenari mozzafiato erano garantiti.

Dirigiamo l'auto verso la strada orientale dell'isola, e dopo un'ora troviamo un cartello con la località che cercavamo. Prendiamo quella direzione, mancavano ancora pochi chilometri per arrivare in questo paese di villeggiatura dove il riposo, il fresco e il verde erano assicurati. Dopo un breve percorso, la strada incominciò a restringersi; la carreggiata si ridusse a una sola corsia e non vi erano altre strade per raggiungere questo paese. La strada era in salita, stretta e piena di curve, ma fino a quel momento tranquilla poiché non avevamo incrociato nessun'altra auto. Da una parte c'era la montagna, dall'altra lo strapiombo che si perdeva verso il fondo della valle.

Le ore trascorrevano e intanto arrivò la sera. Quel sole splendido che ci aveva accompagnato tutto il giorno volgeva al tramonto e la visibilità diventava sempre più scarsa. In quel momento, da dietro una curva sbucò un camion a forte velocità con i fari lampeggianti. In quel momento ho avuto tanta paura e pensavo di non farcela ad attraversare quel tratto di strada, tanto più che il camion passava dalla nostra parte, a fianco alla montagna. In un istante, con una prontezza di riflessi, sterzai velocemente l'auto portandomi dall'altra parte della strada dove la scarpata finiva in un lunghissimo precipizio da far paura. Eravamo salvi! Per fortuna mia moglie e i miei figli non si accorsero di nulla poiché quel viaggio aveva procurato loro tanta stanchezza; si erano addormentati.

Non seppi mai spiegarmi com'ero riuscito a evitare quel pericolo e a salvarmi, insieme alla mia famiglia, da quell'impatto sicuro. Superata la paura di questo terribile episodio, mi sentivo più tranquillo e vedendo che mia moglie e i miei figli incominciavano a svegliarsi, sorrisi loro e chiesi se stavano bene: risposero di sì. L'ultimo tratto di strada, fino ad arrivare a destinazione, lo feci cantando e fischiettando, ero felice di aver scampato questo pericolo. Approfittando di questa vacanza, abbiamo potuto visitare il sito archeologico più importante del sud della Corsica: il sito preistorico di Filitosa vicino a Propiano.

Questo sito si trovava in un'immensa campagna appena fuori dal paese. La bellezza di questo posto era straordinaria e misteriosa; dotata di ogni comodità e attrezzatture, era un luogo ideale per trascorrere una buona giornata all'insegna della cultura e del sapere. In questo luogo c'erano tante statue menhir disseminate in un vasto raggio di molti chilometri. Le prime statue risalgono al 3300 a.C.; alcuni resti di antichissime abitazioni furono scoperti nel 1946, mentre gli scavi iniziarono nel 1954.

La forma di questi monumenti megalitici conobbe un'evoluzione straordinaria nei secoli successivi. Intorno al 1300 a.C. comparvero a Filitosa tre complessi monumentali di forma circolare, due dei quali destinati al culto. Dopo l'occupazione romana della Corsica, avvenuta nel 111 a.C., il sito di Filitosa fu abitato solo saltuariamente, e gli abitanti si sarebbero sparsi nelle zone circostanti.

Abbiamo dedicato un'intera giornata a visitare e fotografare l'intero sito; con l'aiuto delle nostre mappe e qualche informazione scambiata con gli altri turisti che incrociavamo, avevamo accumulato un bagaglio notevole di esperienza molto interessante, oltre alla gioia di aver trascorso una giornata meravigliosa e piacevole.

A cinquant'anni la felicità è l'imprevisto che torna a sorprenderci. Col passare degli anni, pensiamo che la vita non ci dia più quella gioia e quella felicità ricevuta negli anni passati.

Per fortuna non è così! La felicità ci accompagna sempre, a qualunque età, basta saperla cercare!

Ricordo l'estate del 1999; decisi di trascorrere una settimana di vacanza in Sicilia insieme ai miei figli, ospiti di mio cugino. Ogni giorno facevamo una gita diversa e qualcuno di noi ebbe la brillante idea di proporre una visita al vulcano dell'Etna, tra l'altro mèta di turisti e appassionati di vulcanologia.

Quella mattina ci alzammo più presto del solito e in auto percorremmo tutta la piana di Catania per arrivare dopo qualche ora alle pendici dell'Etna. La strada per salire era abbastanza larga e piena di tornanti, per cui bisognava andare piano.

Mentre salivamo in auto, tutt'intorno si presentava ai nostri occhi un paesaggio "spettrale", poiché la lava del vulcano scendendo fino a valle, solidificava e lasciava grandi distese di ciottoli simili a carbone, e non c'era un filo d'erba fino ad arrivare in cima. Si notava, inoltre, che a ogni tornante si scorgevano delle case abitate, dove i cumuli di lava si depositavano intorno alle abitazioni.

Lo stupore nel vedere quei piccoli crateri non ci spaventavano, anzi ci lasciava stupiti nel vedere il fuoco che bruciava e dopo un po' si spegneva e diventava lava; per fortuna era racchiusa dentro un piccolo cratere, ed essendo di debole intensità, non poteva fuoriuscire.

Dopo un paio d'ore di sosta in questo luogo, abbiamo raccolto alcuni pezzi di lava spenti da qualche tempo per portarli a casa come ricordo, e dopo aver scattato tante foto in questo paesaggio alquanto insolito e stupefacente, abbiamo deciso di andar via, anche perché il tempo stava peggiorando e la pioggia era sempre più insistente. Nonostante la giornata uggiosa e fredda, siamo rientrati contenti e felici per le meraviglie che madre natura ci ha fatto conoscere quel giorno.

Asessant'anni la felicità è la certezza di quel che ci circonda. L'esperienza accumulata fino a quest'età, ci ha insegnato che la cosa che ci rende più felici è la vicinanza della famiglia. Lo scambio d'amore con i nostri familiari presuppone molta comprensione e pazienza nei loro confronti. Una casa in pace è un grande dono.

Un ricordo particolarmente caro che mi ha riempito il cuore di felicità, l'ho sperimentato vivendo un'esperienza africana.

Era un pomeriggio d'agosto del 2005. Ero andato con mia moglie a Yopougon, in Costa d'Avorio, ospiti della comunità missionaria di Villaregia, a trovare mio figlio missionario.

Un giorno, la responsabile delle missionarie aveva fissato un appuntamento alle sedici per visitare uno dei quartieri più poveri della città, dove abitavano 70.000 persone. Eravamo un bel gruppo tra missionari, missionarie, giovani volontari e adulti. Con due macchine ci siamo diretti all'appuntamento. Abbiamo attraversato la strada e siamo arrivati al centro medico di Sicobois, all'interno della bidonville, gestito dalla comunità missionaria. Il quartiere è poverissimo, le baracche sono fatiscenti, le strade polverose e la fogna che attraversa la strada, maleodorante e piena d'insetti. Non avevo mai visto un quartiere così povero! Qualcuno ci conosceva; ci fermiamo a parlare spiegando che eravamo venuti per salutarli, per chiedere come stavano. I bambini, tantissimi, facevano festa vedendoci passare, volevano che li stringessimo la mano in segno di saluto. Erano tanti e sorridevano tutti. A un certo punto ho tolto dalla tasca la macchina fotografica e ho iniziato a fotografare i bambini. Erano molto contenti, pian piano "sbucavano" altri bambini da ogni parte tanto che non si riusciva a contarli.

Prima dell'imbrunire decidemmo di rientrare perché il posto non era sicuro. Ovviamente non c'era una luce o un faro che potesse illuminare. Tutto buio. All'interno di alcune case s'intravedevano dei piccoli televisori, per il resto miseria e povertà. Una situazione davvero incredibile di sopravvivenza. Dopo un po' siamo tornati verso le nostre macchine e siamo rientrati in comunità.

Questa esperienza è stata molto forte e ricco di emozioni, tanto da indurmi a pregare sempre per queste persone povere e meno fortunate di noi.

A settant'anni la felicità è sorridere davanti a un album di ricordi. Ci sono tanti momenti belli della vita che ci portano, a essere felici, anche se nel frattempo i capelli sono diventati bianchi. A quest'età, i ricordi affiorano ancora di più e ci piace pensare a quei momenti in cui, frugando tra le nostre cose, ci appare sotto gli occhi, una foto della nostra gioventù spedita da qualche amico.

Può anche capitare che un giorno ci passa per le mani un album fotografico di famiglia, e osservando le foto con particolare interesse riusciamo a commuoverci per la gioia che proviamo nel vedere, attraverso queste immagini, il nostro passato, insieme ai nostri cari che ci hanno lasciato un ricordo indelebile di profonda felicità nel nostro cuore.

E' proprio in nome della felicità che ci spingiamo a intraprendere iniziative che in qualche modo ci fanno rivivere certi momenti di gioia a noi particolarmente cari.

Ricordo in modo piacevole una vacanza vissuta in Terrasanta una mattina d'ottobre del 1999. Con i miei figli, e un gruppo di circa cento persone ci siamo trovati all'aeroporto di Cagliari per intraprendere un viaggio affascinante che ci avrebbe portato in Israele.

Voglio raccontare un'esperienza meravigliosa e toccante capitatami in uno di questi luoghi: il lago di Tiberiade a Cafarnao. Questo lago, molto vasto e pescoso, invita a essere attraversato per la quiete delle sue acque e per la posizione di fronte alle montagne che lo sovrastano (le alture del Golan) che le fanno da cornice. In questo luogo abbiamo avuto la fortuna di essere trasportati da un grosso barcone di legno, come quello usato al tempo di Gesù, costruito per chi vuole attraversare il lago e ricordare come anche il Signore, insieme agli Apostoli, fece questa traversata. Arrivati al centro del lago, il comandante del barcone spegne il motore. In quel momento, immersi in un grande silenzio, ci raccogliamo tutti in meditazione 'incoraggiati' dalla complicità delle placide onde del lago. E' stata un'esperienza davvero meravigliosa e toccante dal punto di vista spirituale, lontano dai rumori e dal caos della città.

Dopo qualche ora siamo tornati in direzione del pontile, dove abbiamo attraccato con il cuore pieno di gioia.

Da ottant'anni in poi, la felicità è l'accentuazione di ciò che siamo stati.

Se ci siamo abituati a sorridere sempre, continueremo a farlo perché ora ci sono i nipoti. La felicità ora è reciproca, per noi e per i nostri nipoti; le nostre forze sono aumentate a dismisura perché vogliamo dare tanto mentre giochiamo con loro. La vita è bella anche per queste cose semplici che ci riempiono il cuore di felicità.

Quando arriva la vecchiaia, bisogna accoglierla con entusiasmo e benevolenza. Come non c'è giorno senza il crepuscolo della sera, non c'è vita perfetta senza vecchiaia. La vecchiaia è bella e unica, ci dà felicità e soddisfazioni, per cui dobbiamo difenderla con tutte le nostre forze.

Nella vecchiaia si sommano tutte le fatiche e gli errori fatti nell'infanzia, nell'adolescenza, nella giovinezza e nell'età adulta; certamente è più difficile essere felice da vecchi, ma non impossibile.

Come non ricordare lo storico abbraccio tra Papa Francesco e Benedetto XVI, il 28 settembre scorso, a Roma in Piazza San Pietro nel giorno della festa dei nonni? Quanta emozione ha procurato in ciascuno di noi l'immagine di queste figure anziane vestite di bianco abbracciarsi! Certamente milioni d'italiani lo ricorderanno come uno dei giorni più felici del 2014.

Il desiderio di essere felice libera l'uomo dallo smodato attaccamento ai beni di questo mondo.

La felicità non si conquista col portafoglio, né col cervello: essa ha la sua dimora nel cuore. La perfetta felicità sta nella donazione di se stessi per la vita e la gioia degli altri. Il motivo per cui ci sentiamo felici dopo aver compiuto il bene, è da ricercare nelle esigenze della nostra natura. Per convincerci di questo, basterebbe fare un elenco di tutte quelle cose che giornalmente ci sono offerte dal nostro prossimo. Per molti uomini, il metro col quale si misura la felicità, è la fortuna, la ricchezza, la notorietà, far parlare di sé nel mondo. Per avere un po' di felicità in quest'epoca assai travagliata, è opportuno non fissare troppo i nostri occhi sulla stampa o sulla televisione, ma sollevarli verso l'alto nella contemplazione di quella meraviglia qual è la creazione.

La beatitudine cristiana insegna che la vera felicità non si trova nella ricchezza o nel benessere o nel potere, né in alcuna attività umana, per quanto utile possa essere, come le scienze, le tecniche e le arti, né in alcuna creatura, ma solo in Dio, sorgente di ogni bene e di ogni amore.

Le beatitudini rispondono all'innato desiderio dell'uomo nella ricerca della felicità. Questo desiderio, di origine divina, Dio l'ha messo nel cuore dell'uomo per attirarlo a sé e colmare questa sete.

La ricerca della felicità è un ideale stupendo per tutte le creature; è necessaria come il sole per la natura e l'aria per i polmoni. Per essere felici bisogna donarsi agli altri, essere onesti, giusti e buoni a ogni età, in ogni occasione e in ogni azione. Questa è la ricetta più sicura della felicità.

Se dovessi scegliere la posa più adatta per scattare una bella foto, fisserei il momento in cui una mamma contempla, per la prima volta, il suo bambino appena nato o quella felicità materna in cui il neonato tende alla carezza della stessa madre. Un figlio è sorgente di felicità perché è il coronamento necessario dell'amore di una coppia. Con la nascita di un figlio i genitori sanno che la loro gioia ha un nome...

Nella folle corsa al denaro e al successo, concedersi pause di questo tipo significa vivere una vita autenticamente umana. Vivendo in tal modo, forse, la felicità ci sorprenderà frequentemente, magari, dove meno l'aspettiamo. Durerà giorni, o un attimo; talvolta se ne andrà, per poi ritornare inaspettata e gradita.

In fondo, non importa veramente quanto denaro guadagneremo o quale posizione sociale riusciremo a raggiungere. Quello che importa è che ciascuno di noi realizzi se stesso, coltivi le proprie passioni, individui progressivamente quelle predisposizioni e quei talenti che lo rendono un individuo unico e irripetibile.

Essere felice è, in qualche modo, " un sentire, un costruire, un trovare delle relazioni".

Credo inoltre che esistano due tipi differenti di felicità: una strettamente interiore e personale, una sorta di punto d'arrivo e di traguardo e una dipendente dalle varie forme di relazione che instauriamo con il prossimo, dalle quali possiamo ricavare quelle soddisfazioni che ognuno di noi si prefigge di raggiungere. Tuttavia è importante riuscire ad ottenere un buon equilibrio interiore; questo è il primo passo verso l'autentica felicità perché non potremo dedicarci agli altri se prima non abbiamo imparato a conoscerci e amarci.

Qualche volta ci accorgiamo di essere stati felici quando ormai il momento è passato; La felicità è come un angelo: è sempre accanto a noi, basta solo imparare a vederla.

Dello stesso autore

1. *Viaggio in Africa (2013)**
2. *Viaggio a Fatima (2014)**
3. *Gesù e il cieco di Gerico: Le parabole a fumetti (2014)**
4. *La mia cucina: Libro di ricette semplici e gustose (2014)**
5. *Viaggio in Terrasanta (2014)**
6. *Amare il prossimo (2014)**
7. *Cos'è l'uomo? (2014)**
8. *Dove va il mondo? Riflessioni sulla società contemporanea (2015)**
9. *Ti racconto una storia (2015)**
10. *A Tavola! Ricette semplici e gustose a base di legumi (2015)**
11. *Storie bonsai (2015)**
12. *La Cucina Mediterranea (2015)**
13. *Antipasti ghiotti (2015)**

*Disponibile anche in formato ebook

Finito di stampare nel mese di giugno 2015.

www.ingramcontent.com/pod-product-compliance
Lightning Source LLC
Chambersburg PA
CBHW030539290526
45786CB00004B/1783